EDICT DV ROY

PORTANT CREATION EN

Tiltre d'offices formés, de six Offices de
Conseillers de sa Majesté, Tresoriers & Payeurs
hereditaires des gaiges de tous les Cõmissaires
des Guerres, Secretaires & Controlleurs generaux de l'extraordinaire des guerres, Secretaires & Controlleurs generaux de la Cauallerie legere, tant deçà que delà les monts,
Controlleurs Prouinciaux de l'extraordinaire
des guerres, Controlleurs Prouinciaux ordinaires des Regiments, Controlleurs ordinaires
des guerres au Regiment des Gardes Françoises. Controlleurs ordinaires des guerres au
Regiment des Gardes Suisses, Controlleur
ordinaire des guerres à la compagnie ancienne des Suisses, Controlleurs ordinaires à la compagnie des Cheuaux legers de la garde, Des
Controlleurs ordinaires des guerres, & Tresoriers Payeurs de la Gendarmerie.

A PARIS,

De l'Imprimerie d'Ant. Champenois, ruë
vieille Drapperie, deuant le Palais, 1635.

LOVIS PAR LA grace de Dieu Roy de France & de Nauarre. A tous preſens & aduenir, ſalut. Nous eſtans impoſſible de ſatisfaire à la ſolde & entretenemét du grand nombre de gens de guerre que nous ſommes obligez de tenir ſur pied pour nous oppoſer aux ennemis de la grandeur de cétEſtat, ſans auoir recours à diuers moyens extraordinaires pluſtoſt que de ſurcharger nos ſubiets de nouuelle leuée, oultre celle que la ſeule neceſſité de nos affaires nous a obligez de faire impoſer ſur eux iuſques à preſent, à noſtre grand regret, entre pluſieurs propoſitions qui nous ont eſté faictes. Nous auons eſtimé que celle de la creation de quelques Offices de nos Finances (qui pour eſtre aucunnement neceſſaires) ſe

A iij

trouuerroit la plus à propos. C'est pourquoy ayant consideré que depuis la creation des Offices de Tresoriers generaux de l'ordinaire de nos guerres, on leur auoit attribué le payement des gaiges des Commissaires & Controlleurs ordinaires de nos guerres, & Payeurs de nostre gendarmerie: Et encores depuis de plusieurs autres Officiers qui doiuent suiuant nos Edicts prendre leurs gaiges sur le fond de nostre Taillon, nous auons Iugé que la creation de six Offices de Tresoriers, & payeurs des gaiges desdits Officiers seroit plus aduantageuse au bien de nos affaires par le secours que nous en pouuons tirer de la finance qui prouiendra de la vente d'iceux, qu'elle n'apporteroit de prejudice ausdits Tresoriers de l'ordinaire de nos guerres

& de furcharge à nos Finances. A
CES CAVSES Sçauoir, faifons.
Qu'apres auoir fait mettre cét affai-
re en deliberation en noftre Confeil, où eftoient aucuns Princes de
noftre Sang, autres Princes & plu-
fieurs grands, & notables perfonna-
ges de noftredit Confeil. De l'aduis
d'iceluy, & de noftre certaine fcien-
ce pleine puiffance & auctorité
Royalle, AVONS par ceftuy
noftre prefent Edict perpetuel &
irreuocable, Creé & erigé, Creós &
erigeons en tiltre d'Office formés,
fix nos Confeillers, Treforiers &
Payeurs hereditaires des gaiges de
tous le Commiffaires des guerres,
Secretaires & Controlleurs generaux de l'extraordinaire de nos
guerres, Secretaires & Controlleurs
generaux de noftre Cauallerie legere, tant de ça que de la les monts,

A iij

Controlleurs prouinciaux de l'extraordinaire de nos guerres, Controlleurs prouinciaux ordinaires
des Regimens, Controlleurs ordinaires des guerres au Regiment de
nos Gardes Françoises, Controlleurs
ordinaires des guerres au Regimét
de nos Gardes Suisses, Controlleur
ordinaire des nos guerres à la compagnie ancienne des Suisses, Controlleurs ordinaires à la compagnie
des cheuaux legers de nostre Garde,
Des Controlleurs ordinaires de nos
guerres, & Tresoriers, Payeurs de
nostre Gendarmerie, Pour estre lesdits six Offices exercez triennalle-
ment par les pourueus d'iceux, à rai-
son de deux par chacune année à
l'instar des Tresoriers Generaux de
l'ordinaire de nos guerres, & en
iouïr par eux hereditairement aux
mesmes honneurs, auctoritez, pre-

rogatiues, prééminéces, priuileges,
franchiſes, & exemption de Tailles,
Aydes & ſubſides,tels & ſemblables
dont ioüiſſent & doiuent ioüir les
Commiſſaires ordinaires de nos
guerres de l'ancienne creation , ſans
que leſdits Offices puiſſent eſtre à
l'aduenir reputez Domaniaux, ny
ſujeᶜts à reuente : Ny qu'arriuant le
decés des pourueus d'iceux ils puiſſent eſtre declarez vacans ny impe-
trables. Voulans que leurs veufues,
heritiers ou ayans cauſe en puiſſent
diſpoſer au proffit de telles perſon-
nes capables que bon leurſemblera,
& que toutes Lettres de prouiſion
leur en ſoient expediées ſur les Pro-
curations ou demiſſions des vne ou
des autres , ſans pour ce payer aucu-
ne finance pour la reſignation. Feront les pourueus deſdits Offices le
payement des gaiges de tous les

Commiſſaires des guerres, Secretaires & Côtrolleurs generaux de l'extraordinaire des guerres, Secretaires & Controlleurs generaux de noſtre Caualerie legere, tant deça que delà les monts, Controlleurs prouinciaux de l'extraordinaire deſdictes guerres, Controlleurs prouinciaux ordinaires des Regimens, Controlleurs ordinaires au regiment de nos Gardes Françoiſes, Controlleurs ordinaires au Regiment de nos gardes Suiſſes, Controlleur ordinaire de la Compagnie ancienne des Suiſſes, Controlleurs ordinaires à la compagnie des Cheuaux legers de noſtre garde, Controlleurs ordinaires de nos guerres, & Treſoriers & Payeurs de noſtre Gendarmerie, de quartier en quartier en la maniere accouſtumée des premiers deniers de noſtre Taillon. Que pour cét

effet leur ſerõt fournis par les Treſoriers generaux de l'ordinaire de nos
guerres, eſtans en exercice ſur leurs
recepicez, portans promeſſe de leur
rapporter trois mois apres le terme
expiré que leſdits gaiges doiuent
eſtre payez, les acquits qu'ils auront
retirez des payements qu'ils auront
faits deſdits gaiges ſous le nom deſdits Treſoriers Generaux, chacun
pour ſon regard, ſuiuant nos eſtats
qui en ſerõt expediez au commen-
cement de chacune annee, dans leſ-
quels ſeront employez les gaiges de
tous les ſuſdits Officiers, & ceux deſdits Officiers preſentement creéz.
Auſquels & à chacun d'eux auons
ordonné & attribué, ordonnons &
attribuons par ces preſentes, Trois
mil trois cens trente trois liures ſix
ſols huiƈt deniers de gaiges par chacun an, tant en exercice que hors

d'iceluy, à commancer du premier iour de Ianuier de la presente année mil six cens trente cinq, Et auparauant que lesdits Tresoriers Payeurs puissent entrer en exercice desdites charges, & estre chargez desdits deniers, ils seront receus & presteront le serment pardeuant lesdits Tresoriers Generaux de l'ordinaire des guerres, prendrót leurs attaches sur leurs lettres de prouision, & esliront domicille en nostre ville de Paris pour y estre faictes toutes significations, commandemens & exploicts necessaires qui serót vallables, comme s'ils estoient faits parlant à leurs personnes, sans que pour le maniement desdits deniers ils soient tenus bailler caution, dont nous les auons deschargez & deschargeons, attédu que la finance qu'ils nous payeront pour le prix desdits Offices hereditaires tiendra lieu de caution & seu-

reté de leur maniement. Rendront
compte de leurſdits maniemét auſ-
dits Treſoriers generaux de l'Ordinaire des guerres, comme de Clerc
à Maiſtre, trois mois apres que leſdits gaiges aurõt eſté payez, & leurs
fourniront les acquits cõçeus ſous
leurs noms par inuentaires ſignez
de leurs mains, en vertu deſquels, &
des acquicts qui ſeront paraphez
d'eux, ils deſchargeront leurs recepicez pour en vertu d'iceux acquits,
recepicez & inuentaires eſtre rédus
vn ſeul eſtat & cõpte par annee en
noſtre Chambre des Comptes de
Paris, de tout le payement fait pour
les gaiges de tous leſdits Offices,
ainſi qu'il eſt accouſtumé faire par
leſdits Treſoriers Generaux de l'ordinaire des guerres, ᴅᴇ la validité ou
inualidité. Deſquels acquits leſdits
Treſoriers, Payeurs des gaiges de-
meureront garands & reſpõſables,

Et en attendant qu'il soit pourueu
ausdits offices, les porteurs desquit
tances de finance ioüiront des gaiges desdits offices durant deux an-
nées, à commancer dudit premier
iour de Iáuier de la presente année
1635. apres lequel temps ils seront
tenus de remplir lesdits Offices,
desquels gaiges ils seront payez sur
leurs simples quittances qui seront passees & allouées en la des-
pence de ceux qui en feront le payement,& ce pendant la fonction
en demeurera ausdicts Tresoriers
generaux de l'Ordinaire des guerres comme auparauant, Et pour
aucunement desinteresser lesdits
Tresoriers generaux de l'ordinaire
des guerres du desmembrement &
diminution faicte en leurs charges
par le moyen de la creation desdits
Offices de Tresoriers Payeurs desdits gaiges(qui est vne des princi-

palles & ordinaires fonctions de leurs charges) nous leur permettons de leuer lesdits six Offices de Tresoriers & Payeurs desdits gaiges, & s'en faire pouruoir sous leurs noms pour les exercer, tenir & posseder conjointement ou separement auec leursdictes charges generalles, & iouyr des gaiges y attribuez par cesdites presentes sans diminution des autres gaiges, taxations & droicts attribuez à leursdicts Offices de Tresoriers generaux, dont ils jouïrót ainsi qu'ils ont accoustumé. SI DONNONS EN MANDEMENT à nos Amez & feaux Conseillers les gens de nos Comptes, & Cour des Aydes à Paris, que le present Edict ils fassent lire, publier & registrer, garder & obseruer, & entretenir de poinct en poinct selon sa forme & teneur, cessans & faisans cesser tous

troubles & empeschemens au con-
traire. Et d'autant que d'iceluy
noftre Edict l'on pourra auoir af-
faire en diuers lieux, Nous voulons
qu'au vidimus des prefentes deuë-
ment collationné par l'vn de nos
Amez & feaux Confeillers, Notai-
res & Secretaires foy foit adjouftée
comme au prefent original. CAR
tel eft noftre plaifir. Et afin que ce
foit chofe ferme & ftable à touf-
iours, Nous auons faict mettre à
cefdites prefentes noftre fcel, fauf
en autres chofes noftre droict &
l'autruy en toutes. DONNE' à
Paris au mois de Feurier, l'an de
grace, mil fix cens trente cinq. Et
de noftre Regne le vingtcinquief-
me. Signé LOVIS, & fur le re-
ply, Par le Roy, SERVIEN. Et
fcellé en lacs de foye du grâd Sceau
de cire verte.

Leu, publié et regiftré en la Cham-

bre des Comptes, Ouy & ce consentant
le Procureur General du Roy, par le
commandement du Roy, porté par
Monsieur le Comte de Soissons venu
expres en ladite Chambre, assisté de
Monsieur le Duc de Mombazon, et
de Messieurs de Leon et Dormesson
Cõseillers d'Estat de sa Majesté, le 16.
iour de May 1635. Signé

Leu, publié et regijtré en la Cour
des Aydes à Paris, Ouy & ce requerãt
le Procureur general du Roy, par le
commandement du Roy, porté par
Monsieur le Comte de Soissons venu
expres en ladite Cour assisté de Monsieur le Duc de Mombazon, & de
Messieurs de Leon et Dormesson
Conseillers d'Estat de sa Majesté, le
16. iour de May 1635. Signé